Alexandre Moret

LA MAGIE
DANS L'ÉGYPTE
ANCIENNE

Copyright © 2019 par Alexandre Moret (Domaine public)
Edition : Books on Demand, 12/14, Rond-Point des
Champs-Elysées, 75008 Paris (France)
Impression : Books on Demand GmbH, Norderstedt (Allemagne).
ISBN : 9782322044306
Dépôt légal : juin 2019
Tous Droits Réservés

Dans l'Égypte ancienne, comme partout au monde, l'homme a été mécontent de sa destinée et a cherché à l'améliorer. Pour y parvenir, il ne s'est pas contenté des forces naturelles du corps et de l'esprit; il a eu recours aux forces surnaturelles que semblaient lui offrir la religion et la magie. On sait quelle différence essentielle existe entre ces deux formes de mentalité: comme la religion, la magie se propose de modifier l'ordre normal ou prévu des choses par des miracles; mais là où le prêtre adresse des prières et des offrandes à des Êtres supérieurs appelés Dieux, le magicien use vis-à-vis de ceux-ci de la force ou de la ruse. Le prêtre supplie, le magicien commande: et comme l'expérience prouve que la force est plus efficace que la prière, il s'ensuit que chez les populations primitives le magicien a plus d'autorité encore que le prêtre. A moins que le prêtre, comme c'est le cas fort souvent en Égypte, ne soit lui-même un magicien qui condescende à mêler parfois la prière à ses objurgations.

Dans toute société où la magie est en honneur, c'est un article de croyance universelle que tout être et toute chose sont animés d'un Esprit, analogue à celui qui meut le corps humain. Il n'y a rien dans la nature qui soit inerte, dépourvu de conscience ou de volonté; tout être, tout objet peut agir pour ou contre les hommes et réciproquement le magicien peut avoir une action sur tout être et tout objet qu'il atteint dans leur corps et dans leur esprit. C'est ainsi qu'en Égypte tout dieu, tout homme possède un «génie» qui l'anime pendant sa vie et subsiste, moyennant certaines précautions, après la mort. C'est le ⎵ *Ka* terme intraduisible, que l'on a essayé de rendre par double et qui serait peut-être mieux traduit par «génie[1]». Les animaux n'en sont pas dépourvus, et les choses même, où nulle vie n'est apparente, recèlent un esprit invisible[2]. De là la coutume, à certaines époques, de mu-

---

[1] L'idée de «génération» dans ses sens de procréation et espèce «est indiscutablement liée à la racine *ka*, qui forme des mots comme «personne, taureau, mâle»; aussi le mot *ka* évoque-t-il le similaire genius. (Cf. Lefébure, *Sphinx*, I, p. 108).
[2] Comme le fait remarquer Maspero, les Égyptiens donnaient souvent un nom propre aux objets naturels ou fabriqués, leur accordant ainsi une personnalité réelle. (*Les contes populaires de l'Égypte ancienne*, 3ᵉ éd., p. 95, n. 3.)

tiler dans les inscriptions les signes hiéroglyphiques représentant des animaux, et de briser, pour les tuer et les faire passer dans l'autre monde, les vases, les meubles, les éclats de pierre portant des textes, déposés dans les tombes : ces signes d'écriture et ces objets sont doués d'âme et, partant, animés d'un génie qui peut se révéler utile ou nuisible au défunt. Nous ne savons pas encore comment les Égyptiens nommaient cet «esprit» des animaux et des choses; mais il n'est pas douteux que l'Univers entier ne fût peuplé, pour eux, de forces actives et conscientes; l'homme devait y redouter des adversaires ou y chercher des alliés.

Sur les êtres et les choses douées de «génie» celui-là seul a du pouvoir qui connaît soit par tradition orale ou écrite, soit par observation personnelle, les règles générales auxquelles obéit le monde matériel et psychique. Cet homme est le «Savant» par excellence *rekh khetou* «celui qui connaît les choses»; il sait les affinités naturelles, les «sympathies» ou les «antipathies» qui, dans l'univers, lient, unissent ou divisent les êtres vivants et la matière; il peut amener tel être ou telle chose à un état déterminé en usant de l'attraction ou de la répulsion exercée fatalement sur lui par tel autre être ou tel autre objet; nous dirions qu'il use des procédés de la *magie sympathique*[3]. D'autre part, le «savant» connaît les lois de l'«imitation» et celles de «cause à effet». Tel être ou tel objet, placé dans des circonstances connues, a agi ou réagi de telle ou telle façon : qu'on le replace dans des conditions analogues, il se comportera, une fois encore, de la même manière; bien plus, on obtiendra ce résultat en « imitant» seulement tel ou tel acte dont on connaît les effets certains. Ainsi le magicien se flatte d'amener une répétition des effets en répétant ou en imitant les causes qui ont agi une première fois : nous dirions qu'il use des procédés de la magie imitative. Maître de tels secrets, le magicien peut bien se passer de prières et commander à son gré les influences réciproques, les actions et réactions fatales des êtres et des choses.

Pour la commodité de l'exposé, nous distinguerons parmi ces procédés de magie sympathique ou de magie imitative : d'abord ceux qui sont employés pour obtenir une protection contre les dangers de toute nature, puis ceux qui donnent une influence active sur les êtres et les choses.

---

[3] Cf. Frazer, *Le rameau d'or*, I, p. 4 sqq.

LA MAGIE DANS L'ÉGYPTE ANCIENNE

Le magicien protège sa propre vie et celle de ses semblables contre les dangers fortuits, par des talismans et des formules ; il prévoit les dangers futurs par la connaissance de l'avenir.

Pour étudier les talismans, il suffit de regarder, dans les vitrines de notre musée, ces milliers de petits objets de matière et de forme variées, qui constituent ce qu'on appelle les Amulettes égyptiennes. On les trouve en quantité dans les tombes, dispersées sur le sol ou disposées sur les momies ; on les fabriquait généralement en terre vernissée, en pâte de verre, en pierre plus ou moins rare ; le plus souvent la valeur marchande en était presque nulle, ce qui permettait de les multiplier à l'infini et d'augmenter leurs chances d'action avec leur nombre. Mais, pour assurer toute son efficacité à une amulette, il n'était pas indifférent qu'elle fût d'une certaine forme et d'une certaine matière.

La forme des amulettes, en Égypte comme ailleurs, est déterminée par les idées spéciales qu'ont les peuples primitifs sur la vie humaine. La vie est un esprit, un souffle, un être autonome qui peut s'échapper du corps et qu'il faut tenir attaché à ce corps. De là, ces amulettes en forme de nœuds, de liens, qui nouent la vie aux endroits du corps où elle est plus apparente, où on la peut discerner aux battements du pouls : le cou, les poignets, les chevilles[4]. En Égypte, ces nœuds sont des bracelets, des périscélides, des colliers minces ou larges. Nous savons que le collier défendait la poitrine des dieux et des morts : on l'assimilait à un dieu dont les bras protégeaient la partie du corps qu'ils touchaient[5]. Bracelets et colliers étaient souvent composés de petits nœuds 𓋹·𓍢·𓍶, enfilés les uns à la suite des autres, et composant un bijou à signification magique ; plus souvent encore, ces nœuds sont posés isolément sur le corps des vivants ou des morts : ils nouent la vie et l'empêchent de quitter le corps. De là le sens de « protection, garde » que ces signes ont conservé dans la langue égyptienne.

D'autres talismans sont formés par des signes qui évoquent telle ou telle idée par leur forme ou par le sens symbolique que leur attribue l'écriture hiéroglyphique : 𓋹 *ânkk*, la vie ; 𓌀 *ouza*, la santé ; 𓌂 *ouser*, la force ; 𓊽 *dad*, la

---
[4] Cf. Frazer, *Le rameau d'or*, I, p. 329.
[5] A. Moret, *Rituel du culte divin*, p. 243.

stabilité; 〡 *ouaz*, la verdeur de corps et d'esprit. A l'origine, ces signes agissaient par la vertu de leur forme spécifique : ☥ était peut-être le simulacre d'un homme, bras et jambes étendus (la base du signe est bifide à l'époque archaïque[6]); 〡 un sceptre, insigne de la force; 〡 l'image de 4 piliers vus en perspective[7], symbole de stabilité; 〡 une colonnette en forme de lotus, plante vivace. Dans la suite, on s'attacha probablement davantage à l'*idée*, que les conventions de l'écriture attachaient à tel ou tel signe : 〡 «beauté, bonté», ▭ «stabilité», 〡 «faveur», ⚕ «santé», etc., furent autant de symboles transformés en amulettes douées d'action magique. L'écriture égyptienne, donnant un sens conventionnel à tel ou tel objet matériel, favorisait singulièrement l'attribution symbolique de telle ou telle vertu à un objet déterminé. Dans la plupart des cas, l'action magique prêtée aux nœuds, bijoux, amulettes, rentre dans les cadres de la magie imitative : on imite et l'on donne la vie avec ☥; la stabilité avec 〡; la clôture, la protection, avec le lien ⬌.

La matière dont ces objets sont composés a aussi une action essentielle. Plus efficaces que toutes les autres seront les amulettes en or, métal qui symbolise la durée, l'indestructibilité; l'or, roi des métaux, rayon solaire solidifié, substance dont est pétri le corps des êtres indestructibles, rois, dieux, morts divinisés : aussi les 〡, 〡, 〡, bracelets, colliers, armes, doivent-ils être en or ou tout au moins en bois doré[8]. Les couleurs ont aussi une influence certaine : la colonnette 〡 verte assurera la verdeur si elle est faite en terre émaillée verte[9]; le nœud 〡, le pilier 〡, pourvu qu'ils soient en cornaline, évoqueront l'idée du sang d'Isis[10]; les bandelettes verte, rouge, jaune, blanche, donneront aux morts et aux dieux les vertus de verdeur, d'éclat, de pureté, dont elles sont imprégnées[11]. Il y a là une série d'actions surnaturelles où les forces et l'esprit de chaque objet agissent par une sorte d'infiltration matérielle : l'or communique son indestructibilité, le vert sa

---

[6] Cf. A. Moret, *Du caractère religieux de la royauté pharaonique*, p. 41-48.
[7] Pour une interprétation différente, cf. Ed. Naville, *La religion des anciens Égyptiens*, p. 106
[8] Cf. A. Moret, *Le titre Horus d'or dans le protocole pharaonique*. (*Recueil*, XXIII, p. 23-32.)
[9] *Livre des Morts*, ch. CL.
[10] *Livre des Morts*, ch. CLV; Maspero, *Papyrus du Louvre*, p. 2 sqq.
[11] A. Moret, *Rituel du culte divin*, p. 178, sqq.

vivacité, le blanc sa candeur ; l'objet agit sympathiquement sur celui qui s'en revêt.

Les talismans possèdent plus de force encore s'ils sont accompagnés de formules. Les Égyptiens en avaient un grand choix : 〈hiéro.〉 *hikaou* « formules magiques », 〈hiéro.〉 *saou* « exorcismes », 〈hiéro.〉 *shentiou* « conjurations », 〈hiéro.〉 *hosiou* « incantations ». L'usage de ces formules est probablement postérieur à celui des talismans matériels : elles ont été inventées pour ajouter l'effet magique de la voix et de la parole articulée à la présence de l'objet qui, au début, n'influait que par sa forme et sa matière : c'est un élément spirituel plus raffiné qui se combine avec le charme purement matériel.

Les formules magiques nous sont connues surtout par des textes récents : aussi les premiers égyptologues les considéraient-ils comme provenant d'une dégradation du culte aux époques de décadence de la civilisation égyptienne. Or les textes religieux les plus anciens que nous connaissions jusqu'à présent, ceux des Pyramides de Sakkarah (V-VIe Dynasties) contiennent des formules cadencées contre la morsure des serpents et font de très fréquentes allusions aux rites magiques. C'est donc la preuve que les textes magiques « appartiennent à l'antiquité la plus reculée et sont une des parties essentielles de la religion égyptienne[12] ». Les formules sont naturellement des armes plus précises que les simples talismans : elles sont dirigées contre un ennemi déterminé et supposent une conception de plus en plus nette des ressources de la magie. En particulier, les formules, dès les temps les plus anciens, mettent en cause les dieux[13] et sont par conséquent postérieures aux temps où s'élabora la première mythologie égyptienne. Presque toujours le magicien y fait allusion à des faits mythologiques connus de lui, trop souvent inconnus de nous ; il interpelle un dieu qui a surmonté jadis les dangers contre lesquels la formule veut encore nous préserver ; il prétend pouvoir à volonté forcer le dieu à renouveler sa victoire contre l'ennemi vaincu jadis dans des circonstances déterminées. Celui qui dit la formule sera semblable au dieu le jour de sa victoire et triomphera. D'autre part on prête à l'animal une personnalité quasi divine

---

[12] Maspero, *Les Inscriptions des Pyramides de Sakkarah*, p. 48.
[13] Par exemple, Pyramide d'Ounas, I. 307. « Râ pique le scorpion », I. 322, « Tombe (serpent) flamme sortie du Noun » ; I. 326, mention d'Atoum et de Sokar.

et on le combat comme tel. Ces procédés relèvent des lois d'«imitation» et de «cause à effet» que nous signalions plus haut.

Voici quelques exemples d'application. Êtes-vous menacé par un serpent ? Une formule opportune déclare à l'ennemi que vous êtes le dieu Horus et que vous le bravez : « Monte, poison, viens et tombe à terre. Horus te parle, t'anéantit, crache sur toi ; tu ne te dresses plus, mais tu tombes ; tu es faible et tu n'es pas fort ; tu es aveugle et ne vois pas : ta tête tombe en bas et ne se dresse plus. Car je suis Horus, le grand magicien[14]. »

Contre un scorpion, on évoque le cas de la chatte divine Bast, piquée par un scorpion, mais guérie par Râ : « O Râ, viens vers ta fille qu'un scorpion a piquée sur un chemin isolé. Son cri va jusqu'au ciel : le venin court de ses membres et elle y applique sa bouche (pour le sucer). Mais Râ lui a dit : Ne crains, ne crains pas, ma noble fille ! Vois, je me tiens derrière toi. Je repousse ce venin qui est dans tous les membres de la chatte[15]. » Celui qui récite la formule sera naturellement protégé comme la chatte Bast qu'il évoque.

Contre le crocodile, quand on traverse un gué, on oppose la victoire d'Osiris sauvé par l'intervention des dieux. « Toi qui es dans l'eau, c'est Osiris qui est dans l'eau et l'œil d'Horus, le grand scarabée, le protègent… Arrière, bêtes des eaux ! ne sortez pas votre face, car Osiris vogue vers vous… Bêtes des eaux, votre bouche est fermée par Râ, votre gosier fermé par Sechmet, vos dents cassée par Thot, vos yeux aveuglés par le grand magicien. Ces quatre dieux protègent Osiris et tous ceux qui sont dans l'eau[16]. »

Contre les animaux malfaisants, serpents, crocodiles, scorpions, lions, oryx, etc., le magicien savait combiner la force des amulettes avec celle des formules. De là l'usage de talismans couverts de textes et de figures, dont les plus importants sont les stèles et les bâtons magiques. Les stèles sont du type de la stèle dite de Metternich ; sur une plaquette de granit ou de basalte, généralement de petite taille, elles portent d'un côté une figure en relief d'Horus enfant, nu, la boucle de cheveux retombant sur l'épaule droite ; le dieu foule aux pieds des crocodiles qui retournent la tête pour

---
[14] Stèle de Metternich, 3.
[15] Stèle de Metternich, 9.
[16] Stèle de Metternich, 38. Cf. Erman, *Die aegyptische religion*, p. 150.

LA MAGIE DANS L'ÉGYPTE ANCIENNE

fuir son regard; de ses mains écartées il tient par la queue serpents, scorpions, lions, oryx. Au-dessus d'Horus apparaît souvent la tête de Bes, le dieu jovial et guerrier qui porte bonne chance. «Ces stèles avaient pour objet de préserver non pas seulement contre la morsure ou la piqûre des bêtes représentées, mais contre la fascination que ces bêtes exerçaient sur leurs victimes avant de les piquer ou de les mordre[17].» Sur l'autre face de la stèle, sont gravées des figures divines de bon augure; souvent les dieux tirent de l'arc, lancent le javelot contre les animaux, en un mot «combattent pour le magicien qui les conjure[18]». Des textes développés couvrent les parties vides et nous exposent les légendes-formules citées plus haut. Les stèles de ce type apparaissent surtout à la basse époque[19]; antérieurement on se servait de bâtons magiques, le plus souvent en ivoire, qui dès la XIe dynastie nous montrent des figures d'animaux réels ou fantastiques (le bâton se termine souvent par une tête d'animal), des dieux à tête humaine ou animale, entre autres un Bes tenant des serpents dans l'attitude qu'aura plus tard Horus. Ces objets apportent à leur possesseur la protection magique des figures qui y sont représentées et plus spécialement, semble-t-il, contre les animaux[20].

Contre les maladies, le procédé magique est le même, car le malade est possédé par un *adversaire* ( ) *(kheft)* dont la présence intempestive cause tout le mal. Le magicien, qui, avec le prêtre et le médecin, connaît l'art de guérir[21], tire sa science de livres mystérieux que les dieux ont donnés aux hommes dans des circonstances miraculeuses. Ainsi, le *traité de détruire les abcès* sur tous les membres de l'homme a été trouvé sous les pieds du dieu Anubis et apporté au roi Ousaphais (de la Ire dynastie[22]); le papyrus médical conservé à Londres «fut trouvé une nuit dans la grande salle du temple de Koptos par un prêtre de ce temple. Toute la terre était plongée dans les ténèbres, mais la lune se leva soudain sur le livre et l'en-

---

[17] G. Maspero, *Études de Mythologie*, II, 418-19.
[18] G. Maspero, *Histoire*, I, 213.
[19] G. Daressy, *Textes et dessins magiques* (Catalogue du Musée du Caire).
[20] F. Legge, The magic ivories of the middle Empire (*Proceedings s. b. a.*, 1905-1906.) Cf. Capart, *Revue de l'histoire des religions*, 1906, p. 327.
[21] Pour le traitement des maladies, les Égyptiens distinguaient trois spécialistes: le médecin, le prêtre, le sorcier (Cf. Maspero, *Proceedings*, s. b. a., XIII, 501.)
[22] *Papyrus Ebers*, 103, I. 1-2.

veloppa de ses rayons. On l'apporta au roi Khéops (de la IV⁰ dynastie[23]).» Les livres de thérapeutique étant d'origine divine, on ne s'étonnera pas que les remèdes indiqués soient d'ordre surnaturel. La méthode employée pour chasser l'*adversaire* est la même que pour combattre les animaux malfaisants. A l'aide d'une formule on substitue à la personnalité du malade celle de tel ou tel être divin qui, de par la tradition, est puissant contre l'*adversaire*, cause de la maladie. Par exemple, contre le mal de ventre, le magicien déclare gravement: «Le ventre est celui d'Horus qui parle à Isis. Horus dit: J'ai mangé du poisson Abi doré.» Isis répond: «Si cela est, les dieux te seront en aide. Frotter le ventre avec du miel; laver le ventre avec un liquide contenu dans un vase sur lequel sont représentés les dieux du Sud et du Nord, Râ, Horus, Thot, Toum, Isis, Nephthys, trois yeux *Ouza* et trois urœus[24].»

S'agit-il d'un accouchement? La gisante sera assimilée à Isis et réclamera impérieusement l'aide des dieux: «O dieux, venez, voici Isis. Elle est assise comme une femme enceinte. Si vous êtes inactifs, ô dieux, il n'y aura plus de ciel ni de terre... des désastres viendront du Nord; il y aura des cris dans les tombes; le soleil ne luira plus à midi, l'eau du Nil ne viendra plus à la crue. «Ce n'est pas moi qui vous parle, c'est Isis qui va enfanter Horus[25].» L'intervention des dieux, liés par les formules magiques au service de qui sait s'en servir, nous est révélée aussi par un monument célèbre de la Bibliothèque nationale, la stèle de la princesse de Bakhtan. Au pays fabuleux de Bakhtan une princesse nommée Bintrashit, sœur d'une épouse de Pharaon, était atteinte d'un mal mystérieux. Ni les médecins ni les magiciens du pays n'avaient pu la soulager; le prince de Bakhtan demanda à son gendre, le Pharaon, de lui envoyer un savant, c'est-à-dire un magicien d'Égypte. Pharaon lui adressa un des « scribes de la double maison de vie» qui diagnostiqua un cas de possession: «le magicien trouva Bintrashit en l'état d'une possédée, et il trouva le revenant qui la possédait: un ennemi rude à combattre». Incapable d'évincer cet adversaire, le magicien appela à son secours un dieu d'Égypte. Ce fut Khonsou qui partit pour Bakhtan, après avoir reçu de son frère aîné, Khonsou-de-bon-

---

[23] Cf. *Aeg. Zeitschrift*, 1871, p. 61.
[24] Pleyte, *Étude sur un rouleau magique de Leyde*, p. 142.
[25] *Ibidem*, p. 180.

conseil, un «fluide de vie» et une force magique suffisante pour affronter toutes les luttes. «quand ce dieu fut arrivé en Bakhtan, voici que le prince vint avec ses soldats et ses généraux au-devant de Khonsou; il se mit à plat ventre, disant «Tu viens à nous selon les ordres du Pharaon...» Voici, dès que ce dieu fut allé au lieu où était Bintrashit et qu'il eut fait les passes magiques à la fille du prince de Bakhtan, elle se trouva bien sur le champ, et le revenant qui était avec elle, dit en présence de Khonsou: «Viens en paix, dieu grand qui chasses les étrangers; Bakhtan est ta ville, ses gens sont tes esclaves et moi-même je suis ton esclave. Je m'en irai donc au lieu d'où je suis venu, afin de donner à ton cœur satisfaction au sujet de l'affaire qui t'amène, mais ordonne qu'on célèbre un jour de fête pour moi et le prince de Bakhtan.» Le dieu approuva... et quand on eut fait une grande offrande par-devant Khonsou et le revenant, celui-ci s'en alla en paix au lieu qu'il lui plut, selon l'ordre de Khonsou[26].»

Dans ce récit, un dieu met son pouvoir magique au service de Pharaon contre un revenant; Pharaon est en effet le chef des magiciens de son royaume et nous reviendrons plus loin sur ce caractère spécial des rois d'Égypte. Mais les simples particuliers pouvaient aussi se défendre des attaques d'un revenant pourvu qu'ils connussent une formule efficace, celle-ci, par exemple, qu'un papyrus de Leyde nous a conservée: «Si on est attaqué par un mort, le soir quand on se déshabille, placer sous la tête de l'individu (cette formule): Les beautés d'un tel sont les beautés d'Osiris; sa lèvre supérieure est celle d'Isis; sa lèvre inférieure est celle de Nephthys, ses dents sont comme des glaives, ses bras sont comme ceux des dieux, ses doigts sont comme des serpents divins, son dos est comme celui de Seb... etc. *Il n'y a pas un seul de ses membres qui ne soit comme ceux d'un dieu.* Paroles à dire sur une amulette pour guérir et charmer les membres de l'individu et ses maux. Il faut les réciter quand un mort mâle ou femelle attaque l'individu qui se déshabille et l'entraîne le soir pour le tourmenter[27].» Nous reconnaissons encore une fois ici la supercherie qui consiste à s'approprier la personnalité d'un dieu vainqueur de ses ennemis pour leurrer l'adversaire et le mettre dans une situation telle que, si la magie imitative dit vrai, il aura sûrement le dessous.

---

[26] Cf. Maspero, *Les contes populaires de l'Égypte ancienne*, 3ᵉ édition, p. 161 sqq.
[27] Pleyte, *loc. cit.*, p. 78.

LA MAGIE DANS L'ÉGYPTE ANCIENNE

Le magicien ne sait pas seulement combattre les maladies ou les accidents; il excelle à les prévoir, et il conjure d'avance la destinée par des prophéties et des horoscopes. A cet égard, la science du magicien s'appuie sur les données de l'astronomie. Diodore nous apprend ceci:

«Il n'y a peut-être pas de pays où l'ordre et le mouvement des astres soient observés avec plus d'exactitude qu'en Égypte. Ils conservent depuis un nombre incroyable d'années des registres où ces observations sont consignées. On y trouve des renseignements sur le rapport de chaque planète avec la naissance des animaux et sur les astres dont l'influence est bonne ou mauvaise[28]. Au tombeau d'Osymandias, à Thèbes, il y avait sur la terrasse un cercle d'or de 365 coudées de circonférence, divisé en 365 parties; chaque division indiquait un jour de l'année, et l'on avait écrit à côté les levers et les couchers naturels des astres avec les pronostics que fondaient là-dessus les astrologues égyptiens[29].» Pour fonder des pronostics, le procédé était donc celui-ci: tel jour, à telle heure, les astres sont dans telle position. Jadis, dans une position semblable des astres, tel événement faste ou néfaste s'est produit; il est donc probable que cet événement ou un autre, de caractère analogue, se reproduira au moment où les astres reviendront à leur place ancienne.

Les documents qui nous sont parvenus[30] nous montrent que les événements auxquels on faisait allusion se rapportaient à la vie des dieux, et principalement aux alternatives de défaites et de victoires qui marquaient la lutte quotidienne d'Osiris contre Sit. Le 17 Athyr, Sit avait tué Osiris; le 9 Khoïak, Thot avait vaincu Sit; le 5 Tybi, Sokhit avait brûlé les impies; la première date sera néfaste, les deux autres seront fastes. «Quoi que tu voies en ce jour, ce sera heureux.» Ainsi, chacun des hommes revivait à sa façon la vie des dieux et en subissait les influences: le pouvoir du magicien consistait à tirer profit de ces connaissances mythiques pour orienter les actes de la vie humaine à telle ou telle date opportune, et imiter, dans le sens le plus favorable, la destinée des dieux[31].

---

[28] Diodore, I, 71.
[29] Diodore, I, 49.
[30] Papyrus Saluer, traduit par Chabas, *Calendrier des jours fastes et néfastes*.
[31] G. Maspero, *Les contes populaires*, introduction, p. XLIX sqq.

LA MAGIE DANS L'ÉGYPTE ANCIENNE

De plus, chaque année, chaque mois, chaque jour, chaque heure était sous l'influence d'un dieu ou d'un astre[32]; le magicien sait les rendre favorables, ou tout au moins put avertir les intéressés des chances du destin: il connaît les sorts que les déesses fées ont départis à chaque homme le jour de sa naissance[33], parce que ce jour est classé dans leurs listes sous une rubrique heureuse ou funeste, où les chances bonnes ou mauvaises sont dosées avec minutie. «Le 4 Paophi: quiconque naît en ce jour meurt de la contagion.» «Le 9 Paophi: allégresse des dieux; les hommes sont en fête, car l'ennemi de Râ est à bas. Quiconque naît ce jour-là, mourra de vieillesse.» «Le 27 Paophi, quiconque naît ce jour-là meurt par le crocodile[34].»

La littérature populaire nous a laissé un récit sur un *Prince prédestiné*[35] qui s'efforce vainement de conjurer trois sorts qui, dès sa naissance, le condamnent à périr par le serpent, le crocodile ou le chien. Le magicien ne pouvait pas toujours combattre la destinée; au moins son client, averti, prenait-il les précautions nécessaires: rester à la maison, éviter tout danger, et réciter les formules protectrices.

—

Les rites de protection ne sont qu'une partie de l'art du magicien; les rites qui assurent l'action magique à distance lui donnent une force et un prestige infiniment plus forts. Les Égyptiens prétendaient user d'une influence magique active sur les hommes, les morts, les dieux, pour les buts les plus variés.

L'action à distance sur un Être quelconque peut s'obtenir par l'intervention des dieux et des génies que le magicien asservit à son pouvoir. Dans ce cas, voici le schéma d'une conjuration. Le magicien invoque un dieu ou un esprit: «Viens, esprit vénérable...»; puis il énonce le vœu à réaliser: «Agis pour moi sur tel ou tel... éveille pour moi l'âme de tel ou tel, dirige son cœur vers une telle ou un tel.» Il déclare ensuite: «Je t'invoque en ton nom véritable»; suit une litanie de noms magiques composés le

---

[32] Wiedemann, *Magie und Zauberei*, p. 6 sqq.
[33] Maspero, *Les contes populaires*, p. LI sqq.
[34] *Ibidem*, p. L.
[35] *Ibidem*, p. 168 sqq.

LA MAGIE DANS L'ÉGYPTE ANCIENNE

plus souvent de syllabes incompréhensibles; enfin, après une déclaration destinée à effrayerle dieu ou le génie invoqué («car je suis le taureau, car je suis le lion, je suis la tête vénérable du seigneur d'Abydos») le magicien donne une recette pratique: prononcer la formule sur une image d'Osiris ou d'Anubis; composer un breuvage, une mixture ou une pommade avec des herbages, de l'encens, du blé, sur lesquels on verse du sang que le patient tire de lui-même, ou auxquels on mêle des parcelles de cadavre[36]. Parfois une figurine est mentionnée[37], elle semble faite à l'image de celui auquel la conjuration est destinée et la formule, dite sur la figurine, enverra à son modèle des songes amoureux ou menaçants, l'endormira ou lui enlèvera le sommeil, lui donnera la santé ou la mort, lui inspirera l'amour ou la haine.

De telles formules supposent la pratique de l'envoûtement puisque parfois elles mentionnent des figurines qui reçoivent le choc direct des conjurations. Nous connaissons en effet des cas précis d'envoûtement dirigé contre les dieux et les hommes. Le papyrus de Nesiamsou contient une conjuration pour aider le dieu Râ dans sa lutte quotidienne contre Apophis, l'esprit du mal. On fabriquait une statuette en cire au nom d'Apophis sous forme de crocodile. Le nom du dieu était écrit à l'encre verte sur cette statuette qu'enveloppait un papyrus où la silhouette d'Apophis était aussi dessinée. On crachait sur la statuette, on la tailladait avec un couteau de pierre, on la jetait à terre; alors le prêtre l'écrasait du pied gauche à plusieurs reprises et la brûlait sur un bûcher de plantes à propriétés magiques. Il fallait répéter le rite trois fois par jour (sans doute comme complément du culte ordinaire), et quand il se produisait des orages qui mettaient en péril les divinités célestes[38].

Dans la vie réelle, un cas très important d'envoûtement nous est connu au temps de Ramsès III, où un fonctionnaire du palais royal fut convaincu de crime pour les faits suivants.

---

[36] G. Maspero, *Mémoire sur quelques papyrus du Louvre*, p. 115 sqq.; on y trouvera divers «chapitres d'envoyer des songes»; cf. les *tabellae devotionis* trouvées à Hadrumète, dont les incantations, rédigées à l'époque romaine, sont presque entièrement. empruntées aux rituels magiques égyptiens (G. Maspero, *Études de mythologie*, II, p. 296 sqq.).
[37] *Papyrus du Louvre*, p. 117, 118, 120.
[38] Budge, *Egyptian magic*, p. 77. Cf. Frazer, *Le rameau d'or*, I, p. 12.

LA MAGIE DANS L'ÉGYPTE ANCIENNE

Il s'était procuré un écrit magique, extrait des livres secrets du roi, et parvint à fasciner (*sih*) les gens du palais; il lui arriva aussi «de faire des hommes de cire et des écrits de souhait» ( ), c'est-à-dire des figurines sur lesquelles il récitait des conjurations pour arriver au but désiré; il put ainsi ensorceler (*hikaou*) les servantes du harem.

Ces exemples d'envoûtement s'éclairent réciproquement et il devient facile de saisir quels principes généraux inspirent la magie active des Égyptiens. Ici, comme en d'autres pays, le magicien commande aux êtres en usant 1° de leurs noms, 2° de figurines les représentant. Ces deux moyens d'action magique sont du domaine commun à toutes les sociétés primitives. «Un nom propre —dit M. Hartland— est considéré comme inséparable de son possesseur et les sauvages ont souvent soin de cacher aux autres la connaissance de leurs véritables noms[39], se contentant d'être interpellés et désignés par un surnom ou une épithète substituée[40]. La raison en est que connaître le nom d'un autre donne pouvoir sur cet autre: c'est comme si lui-même, ou du moins une partie essentielle de lui-même, était dans la possession de la personne qui a obtenu la connaissance de son nom[41].» M. Lefébure, dans ses mémoires si suggestifs sur «l'importance du nom chez les Égyptiens», a démontré que cette théorie générale s'applique point par point à l'Égypte.» De là le soin que les magiciens prennent, en récitant les formules magiques, d'énoncer le nom vrai du dieu qu'ils invoquent, nom multiple ou de forme bizarre, mais dont l'harmonie calculée agit réellement sur l'être invoqué. «En réalité, le nom d'une personne ou d'une chose n'est pas un signe algébrique, mais une image effective, et par là il se confond en un sens avec son objet: il devient cet objet lui-même moins matériel et plus maniable, c'est-à-dire adapté à l'usage de la pensée: bref, c'est un substitut mental.» Prononcer le nom d'un être équivaut à façonner son image spirituelle; écrire le nom, c'est dessiner son image

---

[39] Cf. Lefébure, *Sphinx*, I, 98, Dans une légende conservée aux papyrus de Turin, le Soleil Râ avoue: «Mon nom a été dit par mon père et ma mère, puis il a été caché dans mon sein par qui m'a engendré, afin de ne pas laisser être le maître l'enchanteur qui m'enchanterait.»

[40] Ce que les Égyptiens appellent le «bon nom» (Lefébure, *Sphinx*, 1, 97 sqq.).

[41] C'est ce qui arrive pour Râ, dès que Isis, dans la légende citée plus haut, lui eût sorti du corps son nom.

matérielle; cela est vrai surtout en Égypte où l'écriture hiéroglyphique accompagne les noms d'un déterminatif qui figure aussi exactement que possible les objets et les êtres. L'évocation du nom est ainsi comparable «aux rites de sorcellerie où le magicien fait la figure d'un homme, l'appelle par son nom et alors la perce de pointes ou d'épines, ou le brûle dans le but d'amener la souffrance et finalement la mort de la personne représentée[42].» Concluons que l'action magique à distance repose, en Égypte comme ailleurs, sur la «magie imitative» et s'exerce par le nom et les figures des êtres et des choses.

— —

En dehors de l'usage des amulettes, talismans, formules, des horoscopes pour prévenir les dangers, en dehors des envoûtements et des conjurations pour commander à distance, les pratiques magiques étaient d'un grand secours même dans la religion proprement dite, dans le culte égyptien. Le culte des dieux et des morts était à ce point pénétré de magie qu'une étude détaillée —d'ailleurs fort difficile et qui n'est pas à sa place ici— serait nécessaire pour faire le départ entre ce qui n'est qu'oraisons et sacrifice à un dieu et ce qui est sorcellerie et objurgations magiques. A vrai dire le prêtre se prosterne devant le dieu, le prie, le sollicite; mais en même temps il protège le dieu contre ses ennemis, il le sauve de la mort osirienne, il le met à l'abri des maléfices par l'usage de procédés qui se retrouvent tels quels dans la magie pure. Le dieu reçoit des mains du prêtre le fluide de vie, tel qu'un malade ou un possédé; il écarte de lui les animaux typhoniens, par les mêmes moyens que telle ou telle de ses créatures humaines; il bénéficie du sacrifice et des offrandes par la vertu magique de la voix de l'officiant[43]. Les listes d'offrandes qui se multiplient sur les murs des temples n'ont de valeur effective et *ne sortent sur l'autel qu'à la voix du prêtre*[44]; les offrandes réelles qui brûlent sur l'autel ne passent au dieu que si on les a *nommées* et attribuées au dieu avec les formules et les intonations rituelles.

---

[42] Hartland, ap. Lefébure, *loc. cit.*
[43] La théorie de la création par la voix et le son a été exposée par Maspero (*Etudes de Mythologie*, II, p. 372.) Cf. A. Moret, *Rituel du culte divin*, p. 156 sqq.
[44] De là le nom de l'offrande «ce qui sort à la voix ⌐┬¬ *pir khrdou* (Maspero, *la Table d'offrandes des tombeaux égyptiens*, p. 30; Moret, *Rituel du culte divin*, p. 156)

LA MAGIE DANS L'ÉGYPTE ANCIENNE

Le prêtre —c'est-à-dire le roi en personne— possède en effet le privilège des êtres divins, qui est de créer les êtres et les choses en les nommant ; il a la «voix créatrice» par laquelle les démiurges ont organisé le monde, il est (𓂋𓏏𓏤𓀁) *mâ khróou*[45]. Le dieu lui-même, dont la puissance est annihilée ou amoindrie au début des rites, redevient «créateur» et «vainqueur» au contact du prêtre et au son de cette voix puissante et créatrice ; à son tour il pourra mettre au service du prêtre sa propre force magique, sa voix créatrice, son fluide de vie, au moment où elles lui ont été renouvelées. Le culte nous apparaît donc comme un échange de forces et d'influences magiques qui vont alternativement du prêtre au dieu, puis du dieu au prêtre[46]. C'est la partie de la religion égyptienne qui est restée le plus près des pratiques primitives où la sorcellerie et la magie tenaient plus de place que l'élément mythique et la prière. Le magicien tire de cette situation une force incomparable parfois il menace de ne plus laisser s'accomplir le culte des dieux, tant le secours de ses rites et de ses formules est nécessaire aux prêtres[47].

Cette pénétration réciproque du culte et de la magie explique aussi le rôle prépondérant que certains dieux, tels que Thot, Horus, Bes, jouent dans les conjurations que nous avons étudiées plus haut. Les dieux eux-mêmes —nous l'avons vu— sont magiciens ; Thot, en particulier, le scribe des dieux, le «savant» du ciel, était vénéré comme «le seigneur de la voix, le maître des paroles et des livres, le possesseur ou l'inventeur des écrits magiques auxquels rien ne résiste au ciel, sur la terre et dans l'Hadès[48]». Les grimoires que les magiciens récitent sont «les livres de Thot, que celui-ci a écrits de sa propre main». Quoi d'étonnant qu'on ait appliqué au culte de ces dieux, pour leur propre sauvegarde, les rites dont ils

---

[45] *Mâ khróou*, «juste de voix» d'après Maspero ; «créateur par la voix» d'après moi-même ; les deux explications se complètent plutôt qu'elles ne se contredisent (*Rituel*, p. 163). M. Philippe Virey avait le premier proposé en 1889 de traduire *mâ khróou* «celui qui réalise la parole, qui réalise en parlant, dont la voix ou la demande réalise, fait vrai, fait être vraiment, réellement» les listes d'offrandes qui n'existent qu'en peinture sur les parois du tombeau. (Le tombeau de Rekhmará, p. 101, n. 7 ; p. 149, n. 2. Cf. *Rituel*, p. 152, n. 2.) A mon avis, le pouvoir de la voix de l'officiant ne se limite pas à la réalisation des offrandes, mais s'applique à tous les actes d'un démiurge.
[46] A. Moret, *Rituel du culte divin*, p. 221 sqq. *Du caractère religieux de la royauté pharaonique*, p. 160 sqq.
[47] Lefébure, *Sphinx*, X, p. 91, et VIII, p. 27.
[48] G. Maspero, *Histoire*, I, p. 145.

auraient été les premiers inventeurs ? Ce qui est vrai du culte divin l'est aussi du culte funéraire. La transmission du fluide de vie à la momie, la protection contre les animaux typhoniens, la présentation des offrandes réelles ou fictives nécessitaient, pour le mort comme pour le dieu, l'emploi de la magie. L'usage de statuettes funéraires (*oushaïbti* = les répondants) pour entourer le défunt d'un peuple de serviteurs, ou plutôt de substituts chargés d'exécuter pour lui après la mort les travaux de l'existence matérielle, ne s'explique encore que par les procédés magiques qui font, à l'occasion, de ces figurines des êtres vivants dans l'autre monde[49]. Mais c'est surtout dans la conquête des paradis que se manifeste puissante la force de la magie. Le mort comparaît en jugement devant le tribunal d'Osiris, et subit un interrogatoire au passage des portes de la cité infernale ; mais la science des formules salvatrices et la connaissance des noms des gardiens suffit à donner au mort toute puissance sur les dieux infernaux[50]. Qu'il soit réellement pur ou impur, il n'importe ; pourvu que le défunt possède la voix créatrice, soit muni des talismans protecteurs et exécute les rites efficaces, il est sûr d'être trouvé bon par les juges osiriens : « Passe, tu es pur », lui dira-t-on. Aussi l'accès des paradis est-il réservé plus encore au magicien expert qu'à l'homme riche de sa seule vertu. La magie supplée à l'honnêteté, et trompe les dieux comme les hommes.

Nous touchons ici à une des conséquences les plus importantes de la pénétration de la magie dans le culte des dieux et des morts : la magie donne un caractère amoral à cette religion égyptienne, qui proclame si hautement par ailleurs le culte de la justice et de la vérité ; elle oppose le mensonge à la sincérité, et assure l'impunité du méchant et de l'impur, qui sait lier les dieux par ses enchantements.

— —

La littérature populaire ne nous trompe donc point quand elle nous fait connaître l'importance du rôle qu'on attribuait aux magiciens dans la société égyptienne : ils peuvent donner la vie ou la mort, évoquer le passé, protéger le présent, sauvegarder l'avenir ; la nature entière leur obéit, et s'ils le désirent, le monde est bouleversé totalement. Voici ce qu'on disait

---

[49] Cf. Maspero, *Histoire*, I, p. 193.
[50] *Ibidem*, p. 184 sqq.

des formules du livre de Thot: « Si tu récites la première de ces formules, tu charmeras le ciel, la terre, le monde de la nuit, les montagnes, les eaux; tu comprendras ce que les oiseaux et les reptiles disent; tu verras les poissons de l'abîme, car une force divine les fera monter à la surface de l'eau. Si tu récites la seconde formule, encore que tu sois dans la tombe, tu reprendras la forme que tu avais sur la terre[51]. »

Aussi, les prodiges les plus surnaturels ne sont-ils que jeux d'enfants pour les magiciens: séparer en deux les eaux d'un fleuve[52], couper la tête d'un homme et la remettre en place sans danger pour le sujet[53], animer des figurines de cire représentant un crocodile furieux[54], un poisson[55], une barque et ses rameurs[56], se rendre invisible[57], lire une lettre cachetée[58], les savants de l'Égypte savaient faire tout cela, au moins dans les contes. Et plusieurs hommes qui ont réellement existé, tels que cet Amenophis, fils de Hâpi, qui, sous le règne d'Amenophis III, fut adoré de son vivant et garda jusqu'aux derniers ages de l'Égypte la réputation d'un magicien invincible[59], semblent avoir eu, en effet, un pouvoir de suggestion et de divination qui les mettait en dehors et au-dessus de l'humanité.

C'est autour de Pharaon que nous apparaissent groupés les plus fameux magiciens, les « scribes de la double maison de vie » qui arrivent aux conseils du roi, chargés de leurs grimoires, quand une occasion se présente de mettre leur expérience des choses divines et humaines à contribution; tantôt il s'agit de distraire le roi par des tours de passe-passe[60]; parfois il faut porter secours à un prince allié[61]; ou bien un magicien étranger vient défier les scribes du Pharaon[62] et les provoque à une de ces luttes dont l'Exode nous a laissé l'écho[63].

---

[51] Maspero, *Les Contes populaires*, XLVII,108, 113.
[52] *Ibidem*, p. 30.
[53] P. 34.
[54] P. 25.
[55] P. 28.
[56] P. 111.
[57] P. 153.
[58] P. 139.
[59] Maspero, *Histoire*, II, p. 448.
[60] Conte du roi Khoufoui et des magiciens (Maspero, *Contes*, p. 23).
[61] Conte de la fille du prince de Bakhtan (p. 16).
[62] 2ᵉ Conte de Satisi Khamoïs (p. 131).
[63] Exode, VII.

LA MAGIE DANS L'ÉGYPTE ANCIENNE

Ce serait ici le lieu de se demander comment, dans la vie pratique, un individu devenait un magicien. Était-ce une révélation surnaturelle qui était censée lui apprendre l'art de tirer parti des talismans et des formules ? Était-ce une initiation venue d'un autre magicien ? Les textes connus jusqu'ici expliquent tout le pouvoir magique par la possession et la science des formules ; mais il est probable qu'en Égypte, comme ailleurs, cette connaissance devait s'accompagner d'un état de grâce particulier obtenu par initiation ou révélation. Jusqu'ici les documents nous manquent ou n'ont pas été assez bien interrogés pour que nous puissions savoir comment, par qui ou par quoi, le magicien était initié. Il semble certain, d'autre part, que le pouvoir du magicien devait s'attester par un signe matériel. En Australie, par exemple, ce signe est une substance magique, telle que des morceaux de cristal de roche, que, lors de son initiation, le magicien est censé absorber ; ou bien c'est un os de mort, dont il s'arme. D'après les textes des Pyramides nous savons que la magie (*hikaou*) d'un individu est considérée comme une substance matérielle qui se mange, ou qu'on s'assimile et dont la présence dans le corps est aussi nécessaire aux dieux, aux morts, à tous les êtres doués de force magique, que les morceaux de cristal pour les sorciers australiens[64]. D'ailleurs la science magique et le prestige qui en découlait, ne s'acquéraient qu'au prix d'un long travail et d'une vie exemplaire. Le magicien devait fuir les tentations de la chair ; la pureté rituelle[65] et la chasteté[66] étaient une des conditions de son pouvoir.

Aussi vivait-il en dehors de l'humanité, perdu dans son rêve, l'esprit égaré par l'obsession des formules qui donnent le pouvoir souverain : tel héros des contes populaires, possesseur d'un grimoire tout puissant « ne

---

[64] Cf. la suggestive étude de Mauss : L'origine des pouvoirs magique dans les sociétés australiennes (*Annuaire de l'École des Hautes Études*, section des sciences religieuses, 1904). Pour les textes des Pyramides, cf. *Ounas*, 518, 506 ; Lefébure, *Sphinx*, VIII, p. 29.

[65] Voici quelles indications donne sur la pureté rituelle du magicien le texte connu sous le nom de récit de *la Destruction des hommes* : « Celui qui prononce ces paroles lui-même doit se frotter de baume et d'huile fine. Il doit avoir un encensoir dans les mains et des parfums derrière les deux oreilles. Ses lèvres doivent être purifiées avec du natron. Il est vêtu de deux robes neuves, chaussé de souliers de bois. L'image de Maït est sur sa langue peinte en couleur fraîche. Lorsque Thot veut lire ce livre à Ré, il se purifie lui-même par des purifications de 9 jours. Les prêtres et les hommes doivent faire de même. »

[66] Maspero, *Contes*, p. 102.

voyait plus, n'entendait plus, tant il récitait ce chapitre pur et saint ; il n'approchait plus des femmes, il ne mangeait plus ni chair ni poisson » ; tel autre « n'avait plus d'occupation au monde que de déployer le rouleau des formules magiques, et de le lire devant n'importe qui [67] ».

Entouré de ces inspirés, le Pharaon lui-même possède par intuition la science qui les agite. Fils des dieux, doué des grâces surnaturelles, armé d'armes magiques, couronné de diadèmes animés en qui s'incarnent des déesses, le front ceint de l'uræus, déesse des incantations [68], le roi est le premier et le plus puissant des magiciens. S'il le veut, il commande à la nature : ses cris, pareils aux rugissements de la foudre, déchaînent l'orage ; ses ordres font jaillir l'eau dans le désert ; la crue du Nil obéit à ses décrets. Pharaon nous apparaît ainsi doué des mêmes puissances surnaturelles et magiques que tel « roi du temps, des moissons, de la pluie, du feu et de l'eau n qui existe de nos jours chez les sauvages [69]. C'est avec raison qu'un texte officiel de la XVIIe dynastie adresse ces louanges au roi Ahmès : « Les terreurs de Thot sont à ses côtés ; car le dieu lui a donné sa science des choses ; c'est lui qui guide les scribes dans leurs doctrines ; il est le Grand-Magicien, maître des charmes [70]. » Auprès du roi se trouvait la source inépuisable du « fluide de vie » et de la « force magique » ; c'était l'office des « savants » groupés autour du roi d'en canaliser le cours.

— —

La conclusion à tirer de cette étude sommaire, c'est que l'Égypte ancienne nous offre, à côté d'une civilisation très avancée, un état mental qui est resté par places analogue à celui des peuples sauvages. Le magicien y est tout puissant, parce qu'il est l'initié qui apprend, qui observe et qui *sait*. Il connaît certaines lois comme celle de cause à effet ; il a observé certains faits d'apparence miraculeuse que nous expliquons aujourd'hui par le magnétisme, la suggestion, la télépathie. La science magique repose donc en partie sur des observations exactes. Là où le magicien se trompe, c'est dans sa prétention de commander à ces lois et à ces faits, non seu-

---

[67] G. Maspero, *Les contes populaires*, p. 120.
[68] A. Moret, *Du caractère religieux de la royauté pharaonique*, p. 284 sqq.
[69] Frazer, *Le rameau d'or*, p. 146, 167. Cf. *Sphinx*, VII, p. 167.
[70] Inscription du roi Ahmès. (*Annales du service des Antiquités*, IV, p. 28).

lement dans le cas où les faits d'expérience observés une fois se répètent exactement dans les mêmes conditions, mais encore là où il n'y a que ressemblance lointaine, où l'on ne peut soupçonner qu'affinité et imitation, alors la «science» du magicien se tourne en «magie», et l'expérience de laboratoire devient procédé de magie imitative ou sympathique. Quand le magicien antique observe exactement, il faut voir en lui le physicien, le chimiste, l'astronome, le médecin, le psychologue des temps primitifs; quand il sort de l'expérience précise, il en est le sorcier et le nécromancien. Étant donnée l'insuffisance encore très profonde de la méthode scientifique dans l'Égypte ancienne, la part du sorcier, chez notre Savant, est naturellement bien plus grande que celle du physicien ou du médecin. Dès lors, pour donner de l'autorité à ses dires, le magicien fait appel à la mythologie: il se réclame du patronage des dieux, et à défaut d'expériences probantes de la vie réelle, il cite les légendes divines qui sont autant de cas, d'expériences, qu'accepte sans vérification la croyance populaire. En un mot, pour appliquer à l'Égypte les conclusions de Frazer, «la magie n'a donc que les apparences de la science. Mais cela suffit à expliquer la forte attraction que la magie comme la science a exercée de tout temps sur l'esprit humain. Encore aujourd'hui, il n'est pas rare que le chercheur, fatigué, désappointé, s'y réfugie comme sur un lieu élevé d'où on lui montre, de loin, l'avenir dans la lumière éclatante du rêve.»